УПРАВЛІННЯ ЗА ЦІЛЯМИ

Отримання максимальної віддачі від ваших співробітників

УПРАВЛІННЯ ЗА ЦІЛЯМИ

Отримання максимальної віддачі від ваших співробітників

написаний Renaud de Harlez
перекладено Yaroslav Melnik

50MINUTES.com

УПРАВЛІННЯ ЗА ЦІЛЯМИ

- **Назва:** Управління за цілями (MBO), управління проектами, управління за результатами

- **Застосування:** Модель використовується в діловому світі директорами з персоналу, менеджерами з продажу, операційними менеджерами, керівниками проектів, внутрішніми та зовнішніми консультантами тощо. Наприклад, вона дозволяє:

  - керівникам ставити чіткі цілі для майбутніх завдань в рамках бізнесу, аналізувати результати та заохочувати відповідно до ефективності;

  - колег ставити перед собою цільові показники ефективності.

- **Чому він є успішним?** Цей стиль управління є ефективним, тому що він надає керівникам рамки для ведення переговорів з працівниками, визначення курсу дій та постановки цілей, яких необхідно досягти. Це вносить ясність у всю ієрархію компанії. Крім того, коли працівник погоджується на те, що йому довіряють більш складні завдання, ця система призводить до вищого рівня продуктивності порівняно з тими, кому ставлять простіші завдання.

- **Ключові слова:** Менеджмент, цілі, методи управління

Управління за цілями виникло в умовах економічного зростання. Погано організовані до цього, багато американських компаній з 1950-х років зазнали розширення і децентралізації. Це вимагає переосмислення їх структури.

Процес MBO був започаткований Пітером Друкером (австрійсько-американський теоретик менеджменту, 1909-2005), коли він спостерігав за організацією роботи таких компаній, як General Motors. У 1954 році він опублікував працю *"Практика менеджменту"*. В одному з розділів – *"Управління за цілями і самоконтроль"* – *дається* перше визначення моделі. Через п'ятнадцять років Джон Хамбл (англійський консультант) додав свій внесок у модель, запропонувавши метод MBO.

Нарешті, Октав Геленер (французький економіст, 1916-2004 рр.) запропонував власну версію MBO: партисипативне управління за цілями (Participatory Management by Objectives). Вона базується на трьох елементах: знанні цілей, структурі та процедурах участі. Зараз MBO набула нової форми і стала системою для управління, а не тільки для організації.

 ## Визначення

Управління за цілями (MBO) – це процес, в якому керівництво та працівники визначають цілі та узгоджують дії та строки, необхідні для їх досягнення.

MBO – це інструмент, доступний для керівників для створення основи для переговорів з працівниками. Він покликаний підвищити ефективність роботи організації, перетворюючи колективні цілі на конкретні та чіткі завдання, що приносить користь як організаційному підрозділу, так і окремим працівникам. Результати регулярно переглядаються, а окремі працівники відповідно винагороджуються. Це єдиний управлінський процес, який розширює можливості працівників, оскільки МВО дозволяє їм брати на себе відповідальність за організацію власної роботи у спосіб, який їм підходить. Коли працівники беруть участь у визначенні своїх цілей, вони більш мотивовані та впевнені, що досягнуть поставлених цілей.

ТЕОРІЯ КОНЦЕПЦІЇ

ХТО НИМ КОРИСТУЄТЬСЯ?

Від менеджерів до генеральних директорів (у різних секторах управління, таких як маркетинг, фінанси та людські ресурси), всі, хто займає керівні посади, можуть впроваджувати управління за цілями у своїй організації. Як згадувалося раніше, ЗСП — це процес, в якому керівництво і співробітники спільно визначають цілі та обговорюють засоби і терміни, необхідні для досягнення результатів.

Виникнувши з роботи Пітера Друкера, МВО та її використання значно відрізняються в залежності від автора, який її концептуалізував.

Наразі встановлено дві версії:

- МВО можна інтерпретувати в "технократичній" манері, зосереджуючись на фінансових цілях. Все зосереджується на доходах від продажів, витратах або бюджетах. Кожен відділ встановлює свої власні числові цілі. Коли одна з цих цілей не досягається, провина покладається на менеджерів — в даному випадку на менеджерів і загальне керівництво ОЗП — без шкоди для інших цілей. Наприклад, вони можуть бути встановлені при складанні бюджету: Кожен департамент може встановити свої власні точні цілі, які будуть переглядатися протягом певного часу (наприклад, щоквартально).

- Другий варіант MBO фокусується на управлінських відносинах. Він передбачає створення формалізованої домовленості між керівниками та працівниками. Проблема MBO в цьому контексті полягає в тому, що вона не ставить цілей і навіть не передбачає загального плану. Ці два фактори є скоріше основою для оцінки роботи, що виконується між керівником та підлеглими. У цьому випадку застосування MBO зарезервовано для таких секторів, як людські ресурси, де не потрібно ставити чіткі цілі. Інтерв'ю (взаємно організовані) включають час, спеціально відведений для обговорення цілей співробітників, а також цілей, які не обов'язково ставляться з урахуванням глобальної стратегії бізнесу і його початкового бачення. Вони ставляться відповідно до слабких і сильних сторін співробітників. Все зводиться до комунікації.

ЯКУ ВЕРСІЮ ВИКОРИСТОВУВАТИ?

Віддавати перевагу фінансовому плануванню чи управлінським відносинам? Якщо ці дві версії не сумісні, то складно застосовувати їх одночасно. MBO – це, перш за все, інструмент, створений для учасників – менеджерів, керівників і генеральних директорів. Саме ці люди обирають найбільш підходящу для них версію MBO.

Що таке програма MBO?

Існує чотири основні компоненти, які складають програму управління за цілями:

- (A) підтвердження конкретних цілей

- (B) спільне прийняття рішень

- (C) часові рамки, встановлені з самого початку

- (D) зворотній зв'язок щодо результатів діяльності.

Як приклад, розглянемо бізнес, який хоче розширити свою діяльність.

- Для досягнення цієї мети повинні бути встановлені конкретні і точні завдання (A). Аеропорт, наприклад, може використовувати програму MBO для визначення того, що необхідно для збільшення кількості клієнтів на 3,5%, щоб збільшити кількість виходів на посадку з 12 до 14 протягом року. Він також може спланувати, як перезапустити свій вантажний бізнес, придбавши нові будівлі та відремонтувавши п'ять своїх старих літаків.

- Процес прийняття рішень повинен бути спільним (B). Керівники різних підрозділів аеропорту повинні спільно вирішувати, які цілі ставити і в які терміни їх досягати.

- За оцінками керівництва, для досягнення поставлених цілей знадобиться три роки. Таким чином, часові рамки були встановлені з самого початку.

- Нарешті, для цієї програми необхідно запланувати оцінку ефективності (D) щодо цілей. Директори аеропортів організовують зустрічі з менеджерами щодо прогресу співробітників у своїх відділах. Це робиться тільки в кінці встановленого терміну для досягнення цілей. Керівники та співробітники повинні регулярно ставити перед собою точні цілі, щоб вимірювати і контролювати свої зусилля. Зустрічі зворотного зв'язку організовуються після аналізу ходу виконання програми та отримання думки керівників та їх підлеглих. На зустрічах зі зворотним зв'язком можуть також проводитися заохочувальні заходи.

ЧИ Є ЦЯ СИСТЕМА ДІЙСНО ЕФЕКТИВНОЮ?

Однозначної відповіді на це питання немає. Ряд публікацій не підтримують модель МВО. Однак більшість погоджується з наступним твердженням: застосування МВО в деяких випадках може мати позитивний вплив на продуктивність праці працівників.

Важливо, щоб працівники погоджувалися з поставленими цілями. Якщо вони згодні, то постановка ще більш високих цілей завжди призведе до кращого результату, ніж у випадку з більш легкими цілями. Навіть якщо працівники, які погодилися з поставленими цілями, не завжди їх виконують, рівень їхньої роботи все одно буде вищим. Для отримання такого результату необхідно враховувати три фактори:

- **Важливість зворотного зв'язку.** Для підвищення ефективності роботи необхідно вчасно надавати ефективний зворотний зв'язок відповідній особі. Він дозволяє виміряти і усвідомити зусилля, докладені людиною, а також скоригувати рівень складності завдань – чи не є він занадто високим або занадто низьким.

- **Участь.** Поставлені цілі виконуються частіше, коли вони були поставлені керівництвом чи в результаті співпраці? Як не дивно, але дослідження показали, що різниці між цими двома випадками немає. Цілі, визначені спільно, або цілі, встановлені керівництвом, призводять до однакових результатів. З цієї причини участь не є визначальним фактором. Головне, щоб працівники приймали свої цілі, не обов'язково роблячи свій внесок у їх досягнення.

Однак, необхідно зазначити, що спільне визначення цілей дозволяє людям бути залученими, іноді ставлячи перед собою більш високі цілі, ніж ті, які можуть бути поставлені керівництвом.

- **Залучення директорів.** Також життєво важливо, щоб бізнес-директори були залучені до процесу, оскільки це надає менеджерам, відповідальним за підрозділи, впевненості у виконанні поставлених завдань.

РОЛЬ ПРАЦІВНИКІВ У СИСТЕМІ MBO

Ви дізнаєтесь, що підвищення ефективності роботи в компанії за допомогою MBO вимагає від працівника усвідомлення поставлених цілей. Не менш важливо, щоб менеджери в кожному відділі чітко пояснювали дії, необхідні для їх досягнення. Постановка цих цілей є однією з найвищих управлінських навичок. Для цього потрібно виконати певні кроки:

Що мені потрібно зробити?

Перед кожним працівником ставляться завдання та цілі, які він повинен виконати. Розподіл може ґрунтуватися, наприклад, на кваліфікації працівника.

Як мотивувати своїх співробітників?

По-перше, важливо визначити рівень ефективності роботи відповідних працівників. Потім можна встановити цілі, яких вони повинні досягти, і визначити часові рамки, в які вони повинні виконати свої завдання. Керівник завжди повинен бути реалістом, оцінюючи час, необхідний для їх виконання.

Активно залучати працівника

Незважаючи на те, що в попередньому розділі ми дізналися, що рівень продуктивності працівників не змінюється незалежно від того, чи встановлюються цілі керівництвом, чи у співпраці, залучення працівників має одну перевагу: вони сприйматимуть їх з більшою готовністю. Однак це залучення має бути щирим. Якщо керівник приділяє час консультаціям з працівниками при встановленні цілей, він повинен дійсно прислухатися до їхньої думки. Якщо цього не робити, це може негативно вплинути на ефективність роботи.

визначати пріоритетність своїх цілей

Важливо впорядкувати поставлені завдання за ступенем складності та важливості, щоб переконатися, що працівники вирішують їх відповідним чином. З одного боку, це дозволяє уникнути ситуації, коли деякі працівники беруться лише за легші завдання, а інші залишають без уваги. З іншого боку, це також спосіб відзначити осіб, які готові вирішувати більш складні завдання (навіть якщо вони не будуть повністю виконані в кінцевому підсумку).

Важливий зворотній зв'язок

Регулярний зворотній зв'язок через зустрічі, організовані між окремими особами та керівниками для оцінки їхньої роботи. Таким чином, працівники знатимуть, чи достатньо їхніх зусиль для виконання поставлених завдань.

Фінальна винагорода

В обмін на свої зусилля працівники чекатимуть на винагороду. Однак важливо дати їм зрозуміти, що винагорода пов'язана з кількістю виконаних завдань, а не лише з кількістю витрачених на них годин. Завдяки цьому рівень задоволеності працівників має тенденцію до зростання.

ОБМЕЖЕННЯ ТА РОЗШИРЕННЯ МОДЕЛІ

ОБМЕЖЕННЯ ТА КРИТИКА МОДЕЛІ

- **Невизначеність сектору.** МВО має певні обмеження, якщо застосовується до занадто нестабільного сектору. Фактично, запровадження моделі настільки ускладнить його, що вона стане неефективною. Наприклад, сектори, пов'язані з творчістю (наприклад, інновації, дослідження і розробки, художнє виробництво), несумісні з цією моделлю, оскільки важко визначити цілі. Чи може дослідник дійсно організувати своє дослідження відповідно до поставлених цілей? Враховуючи характер його роботи, цілі не мають значення.

- **Еволюція робочих структур.** Бізнес поступово відходить від традиційних структур: працівники стають більш універсальними, вони все більше залежать від інших для досягнення поставлених перед ними цілей, вони тепер закріплені за кількома секціями організаційної структури тощо. Ці зміни ставлять МВО під загрозу, оскільки працівниками більше не керує одна людина, що значно ускладнює використання МВО.

- **Еволюція робочого середовища.** З моменту створення МВО наше суспільство пережило багато еволюцій. На початку менеджери складали довгострокові плани, які систематично були занадто оптимістичними. Крім того, в цей час почастішали кризи (наприклад, енергетична криза на початку сімдесятих років або фінансова криза 2009 року). Ці зміни, включаючи численні технологічні досягнення, порушили існуючий порядок і, відповідно, бачення менеджерів. Заздалегідь розроблені плани більше не підходять.

Поза структурними межами процесу MBO має своїх критиків. Так, наприклад, Вільям Едвардс Демінг (американський лікар і статистик, 1900-1993 рр.). На його думку, застосування MBO негативно впливає на якість роботи працівників. Працівник намагається виконати поставлене завдання за будь-яку ціну, не звертаючи уваги на якість роботи. Інші стверджують, що якщо MBO мотивує особисті досягнення, то це не обов'язково корисно для колективу в цілому: працівник може занадто сильно зосередитися на поставлених перед ним завданнях, забуваючи про загальні цілі компанії.

На практиці виправити деякі з цих проблем можливо. Для цього керівники повинні наполягати на якості всієї роботи. Наприклад, продавець автомобілів повинен враховувати не тільки кількість проданих автомобілів, але й кількість продажів дорогих моделей. Щоб уникнути таких результатів, менеджери повинні завжди контролювати діяльність і переглядати цілі, щоб переконатися, що вони все ще актуальні.

ПОДОВЖУВАЧІ ТА АНАЛОГІЧНІ МОДЕЛІ

SMART-цілі

Це мнемонічний пристрій, який використовується з моделлю MBO. Метод SMART часто використовується менеджерами, щоб допомогти їм виконувати свої проекти. Він також може бути інтегрований в управління за цілями. Ціль включає в себе показник, за допомогою якого можна виміряти індивідуальну та колективну ефективність. Цей показник ефективності повинен бути конкретним, вимірюваним, досяжним, реалістичним і обмеженим у часі. Іншими словами, мета повинна бути РОЗУМНОЮ.

Спільне управління

Такий підхід до управління суперечить науковому баченню роботи і орієнтується на вузьке бачення людей. Партисипативне управління базується на ідеї, що працівник є не інструментом, а психоемоційним суб'єктом. Бізнес також є місцем, де створюються соціальні репрезентації. Теоретики цієї концепції підтверджують важливість розвитку "людського виміру" компанії. Це може бути зроблено за допомогою кіл участі або скриньок для пропозицій. Суть цієї еволюції полягає в тому, що менеджери здатні легше досягати своїх цілей, якщо вони залучають до цього саму команду. Для впровадження цього методу управління необхідно дотримуватися принципів, пов'язаних зі справедливим управлінням.

Справедливе управління

Принципи справедливого управління базуються на балансі між економічними показниками та повагою до особистості. Таке сприйняття спрямоване на встановлення взаємовигідних відносин між керівниками та працівниками. Обираючи цей тип управління, бізнес сподівається встановити амбітну та згуртовану динаміку, яка є значущою та базується на чіткій, адаптованій, узгодженій та прогресивній організації. Основною перевагою цього методу є використання енергії та командного таланту. Міжособистісні стосунки ґрунтуються на взаємній повазі та визнанні, а не на ієрархії. Нарешті, справедливе управління заохочує проактивний менеджмент, який здатний здійснювати ефективні зміни і має сильне почуття етики та соціальної відповідальності.

Управління, орієнтоване на цінності

Цей тип управління з'явився раніше, ніж MBO. Це теорія, в основі якої лежить ідея бізнес-культури. Важливо знати, що цей тип управління не спрямований на зміну цінностей компанії і не є випадком зміни культури компанії. Натомість, основним моментом ціннісно-орієнтованого управління є використання культури всередині компанії для підвищення ефективності діяльності.

Управління на основі компетенцій

Як випливає з назви, цей тип управління базується на навичках кожної окремої людини, яка керує компанією, без управління чи розвитку цих навичок. Необхідно, щоб кожен працівник розвивав одну або кілька конкретних навичок на користь структури, яка його наймає. Суть такого підходу полягає в посиленні людського капіталу команди, що вимагає хорошої роботи в сфері людських ресурсів — акцент робиться на тому, щоб навички окремих співробітників використовувалися на благо команди.

ЗАСТОСУВАННЯ КОНЦЕПЦІЇ

ПОРАДИ

Цей розділ об'єднує кроки, зроблені для ефективного застосування процесу управління за цілями. Конкретні приклади застосування демонструють кожен крок.

Формулювання мети

Цей перший крок передбачає визначення точного результату, який має бути досягнутий, і розробку методу оцінки, який дозволить виміряти і перевірити, якою мірою він був досягнутий. На цьому етапі три питання (хто, що, коли) можуть спрямовувати процес мислення.

Приклад:

- **Хто?** Сайт для замовлення їжі онлайн.

- **Що?** Вона хоче збільшити свою клієнтуру на 15%.

- **Коли?** Протягом року.

Конкретизація цілей

Приклад цілі може бути звужений шляхом визначення напряму дій, а також інструментів та підтримки, необхідних для її досягнення. Наприклад, один або декілька керівників призначаються відповідальними за виконання завдання (завдань) і встановлюються проміжні терміни.

Приклад: Наш веб-сайт для замовлення їжі вирішив використати рекламу в Інтернеті для досягнення своєї мети.

- Обирається менеджер, який буде контролювати закупівлю рекламних місць на сайтах, пов'язаних з Google.

- Першу оцінку прогресу планується провести наприкінці перших трьох місяців.

Шість правил для правильного використання плану

Окрім постановки цілей, важливо також дотримуватися цих шести правил:

- ясність

- актуальність

- вимірюваність

- дедлайн

- досяжність

- прийняття.

Приклад: У випадку з нашим бізнесом, менеджер рекламного відділу повинен задати всі наступні питання.

- Чи є очікуваний результат конкретним, ідентифікованим, зрозумілим і чи залишає він простір для інтерпретації?

- Чи відповідає воно політиці компанії та узгоджується з іншими рішеннями?

- Чи є в ньому індикативні заходи, які роблять його контрольованим?

- Чи є кінцевий термін точною датою досягнення загальної мети або окремими термінами для кожного напряму діяльності?

- Чи достатніми є засоби проміжних дій (фаза конкретизації) і чи здатні менеджери їх досягти?

- Чи згодні з цим люди, відповідальні за виконання завдань?

Контроль над цими факторами може здійснюватися двома шляхами: регулюванням процесу та відстеженням прогресу.

Після того, як всі ці питання будуть задані, менеджер може зв'язатися зі своєю командою для організації зустрічей з метою заохочення спільного прийняття рішень. У випадку з прикладом підприємства зустрічі будуть організовані з усією командою маркетингу. Кожна людина може висловити свої власні ідеї, які необхідно втілити в життя. На цьому етапі дуже важливо пам'ятати про важливість цих зустрічей. Керівник, який підготував і організував їх, очікує реальних результатів, які сприятимуть досягненню мети компанії.

Зворотній зв'язок

Цей зворотний зв'язок повинен відбуватися не тільки в кінці періоду часу, відведеного для досягнення цілей. Регулярні зустрічі можуть бути заплановані протягом усього процесу для моніторингу досяжності поставлених цілей відповідно до обсягу роботи, що надається працівникам.

Приклад: Проводяться регулярні зустрічі між менеджером, відповідальним за рекламний проект, та іншими директорами. На цих зустрічах оцінюється, чи достатньо ресурсів, наданих відділу, для досягнення поставлених цілей.

Нагороди

Якщо виконана робота є якісною, вона може бути винагороджена. Також важливо, щоб працівник, перед яким поставлені завдання, розумів, що ця винагорода безпосередньо пов'язана з їх виконанням.

ТЕМАТИЧНЕ ДОСЛІДЖЕННЯ

Давайте розглянемо приклад застосування MBO, та й менеджменту в цілому, у двох компаніях, які сьогодні є всесвітньо визнаними. Ви побачите, що ці застосування можуть дуже відрізнятися в залежності від того, як менеджери застосовували теорії, пов'язані з MBO.

Apple

У період з 1997 по 2001 рік, коли директором Apple був Стів Джобс (1955-2011), організаційна стратегія компанії базувалася на сильній централізації інформації. Всі отримували накази від однієї і тієї ж людини, яка поширювала інформацію так, як цього хотіла компанія. З точки зору MBO, цілі ставила одна людина, яка потім передавала вимоги кожному з менеджерів:

- цілі менеджерів, які безпосередньо залежали від особи, що перебувала на вершині ієрархії компанії, визначалися їхнім керівництвом;

- працівники виконували накази своїх керівників.

Керівники не мали достатньої свободи вибору шляхів досягнення своїх цілей.

Цей метод добре зарекомендував себе з точки зору ефективності та швидкості. Коли була допущена помилка:

- відповідальні особи могли швидко виявити ділянку, де була допущена помилка;

- Вплив на поведінку співробітників різних підрозділів був прямим: такого роду заходи формують корпоративну культуру і змушують співробітників виробляти кінцевий продукт.

Однак, ця модель має свої обмеження. Наприклад, людині, яка керує бізнесом, важко керувати всіма аспектами, особливо коли пропонована продукція настільки різноманітна. Доказом цього є те, що всі продукти Apple не є однаково якісними: Перше покоління Apple TV або MobileMe менш успішні, ніж інші продукти компанії.

Google

Метод Google, піонера "Менеджменту 2.0", пропонує застосування MBO, яке суттєво відрізняється від першого прикладу.

Фірма завжди була відома своєю політикою підбору персоналу, яка надає перевагу науковцям. Її засновники, геніальні комп'ютерні інженери Ларрі Пейдж та Сергій Брін, обидва 1973 року народження, самі є рекрутерами. Певний час головним критерієм для влаштування туди на роботу була наявність докторського ступеня, оскільки це гарантувало б автономію від співробітників. Власне, науковці звикли працювати наодинці і залишатися продуктивними. Система Google набагато більш децентралізована, ніж у більшості інших компаній: замість того, щоб покладатися на ієрархію, вона базується на великій кількості людей. У певному сенсі ця система виявилася дуже ефективною, оскільки дозволила Google розробити низку сервісів, таких як Gmail або Google Reader. Потреба в загальній та ієрархічній організації є меншою, оскільки система базується на здатності кожної людини ставити власні цілі.

Зновужтаки, ця система має свої недоліки. Децентралізована компанія, без координатного напрямку, постійно рухаючись і підриваючи докладені зусилля, може перетворитися на катастрофу. В даному випадку були побачені основні обмеження:

- У ході реалізації окремих проектів компанії. Наприклад, деякі служби не мали чітко визначених співрозмовників і виглядали розпорошеними.

- Коли компанія виросла і виникла необхідність переглянути організаційну систему. З того часу Google перестав набирати на роботу лише докторантів. Змінилися також методи управління і процес постановки цілей.

РЕЗЮМЕ

- Управління за цілями (MBO) – це процес, в якому лінійні керівники та їхні підлеглі встановлюють цілі та обговорюють дії та часові рамки, необхідні для їх виконання.

- Вперше це поняття з'явилося в п'ятдесятих роках, коли американські компанії мали великі труднощі з налагодженням чіткої організації.

- Довідкова література: *"Управління за цілями"* Пітера Друкера, *"Управління за цілями в дії"* Джона Вільяма Хамбла та *"Керівництво за цілями"* Октава Желіньє.

- Перевага: за умови правильного застосування MBO може підвищити ефективність діяльності організації та рівень задоволеності працівників.

- Недолік: Цей тип управління важко застосовувати в нестабільному середовищі і він не здатний адаптуватися до змін у робочому середовищі.

- Розширення: SMART-моделі, партисипативне управління, управління на основі цінностей та управління на основі компетенцій.

- Порада: Дотримуйтесь методу SMART: мета повинна бути конкретною, вимірюваною, досяжною, реалістичною та обмеженою в часі.

- MBO призначений для HR-менеджерів, менеджерів з продажу, операційних менеджерів, керівників проектів, внутрішніх та зовнішніх консультантів тощо.

ЧИТАТИ ДАЛІ

БІБЛІОГРАФІЯ

Alexandre-Bailly, F., Bourgeois, D., Gruère, J-P., Raulet-Croset, N., Roland-Lévy, C. and Tran, V. (2013) *Comportments humains et management.* [4-е видання]. London: Pearson.

Amaury. (2012) Management d'entreprise : trois exemples que tout oppose. *De geek à directeur technique.* [Онлайн]. [Accessed 25 June 2014]. Режим доступу: <http://www.geek-directeur-technique.com/2012/07/04/management-dentreprise-trois-exemples-que-tout-oppose>.

Делавалле, E. (2009) Управління за цілями. *Manager-par-les-objectifs.fr.* [Онлайн]. [Accessed 25 June 2014]. Режим доступу: < http://www.manager-par-les-objectifs.fr/>.

Друкер, П. (1954) *Практика менеджменту.* Нью-Йорк: Harper & Row.

Желіньє, О. (1980) *Директивні партисипативні об'єкти.* Paris: Éditions Hommes et techniques.

Гільбер, П. (2008) *Le B.A.-Ba du management.* Brussels: De Boeck.

Хамбл, Дж. У. (1970) *Управління за цілями в дії.* Лондон/Нью-Йорк: McGraw-Hill Book Co Ltd.

Періккі, Ж. (1992) Посібник з *менеджменту.* Paris: Édition du Seuil.

Роббінс, С. та Деченцо, Д. (2004) *Менеджмент. L'essentiel des concepts et des pratiques.* London: Pearson Education.

Роджерс, Р. і Хантер, Дж. Е. (1991) Вплив управління за цілями на організаційну продуктивність. *Журнал прикладної психології*. 76(2).

Stahl, R. (2013) *Management, formation et travail en équipe. Pratiques issues du coaching et de l'intelligence collective.* Брюссель: De Boeck.

Ми хочемо почути вас!
Залишайте коментарі в онлайн-бібліотеці
та діліться улюбленими книгами в соціальних мережах!

Видавець забезпечує достовірність опублікованої інформації,
за яку, однак, не несе відповідальності.

Майстер ISBN: 9782808601283
Паперовий ISBN: 9782808602730
Юридичний депозит: D/2022/12603/274

Цифровий дизайн: Primento,
цифровий партнер видавництва.